gallina
แม่ไก่
mae kai

gallo
ไก่ตัวผู้
kaituaphu

pollito
ลูกไก่
lukkai

patito
ลูกเป็ด
luk pet

pavo

ไก่งวง

kainguang

burro

ลา

la

cisne

หงส์

hong

rana

กบ

kop

mapache

แรคคูน

rae

oso

หมี

mi

ardilla

กระรอก

krarok

mosca

แมลงวัน

malaengwan

mariquita

แมลงเต่าทอง

malaengtaothong

gusano

หนอน

non

caracol

หอยทาก

hoithak

babosa

ทาก

thak

abeja

ผึ้ง

phueng

araña

แมงมุม

maengmum

escarabajo

ด้วง

duang

libélula

แมลงปอ

malaengpo

león
สิงโต

singto

cebra
ม้าลาย

malai

jirafa
ยีราฟ

yirap

rinoceronte
แรด

raet

serpiente

งู

ngu

mosquito

ยุง

yung

tortuga marina

เต่าทะเล

taothale

hipopótamo

ฮิปโปโปเตมัส

hippopotemat

caimán

จระเข้

chorakhe

cocodrilo

จระเข้

chorakhe

tiburón

ปลาฉลาม

plachalam

morsa

วอลรัส

wonrat

pingüino

เพนกวิน

phenkawin

oso polar

หมีขั้วโลก

mikhualok

foca

แมวน้ำ

maeonam

estrella de mar

ปลาดาว

pladao

medusa

แมงกะพรุน

maengkaphrun

conchas marinas

เปลือกหอย

plueakhoi

pluma

ขนนก

khon nok

11

once
สิบเอ็ด
sip et

12

doce
สิบสอง
sip song

13

trece
สิบสาม
sip sam

14

catorce
สิบสี่
sip si

15

quince
สิบห้า
sip ha

16

dieciséis
สิบหก
sip hok

17

diecisiete
สิบเจ็ด
sip chet

18

dieciocho
สิบแปด
sip paet

19

diecinueve

สิบเก้า

sip kao

20

veinte

ยีสิบ

yi sip

corazón

หัวใจ

huachai

óvalo

วงรี

wongri

flecha

ลูกศร

lukson

creciente

เสี้ยว

siao

curva
เส้นโค้ง

senkhong

espiral
เกลียว

kliao

cruz
กากบาท

kakabat

zigzag
ซิกแซก

siksaek

arcoíris

รุ้ง

rung

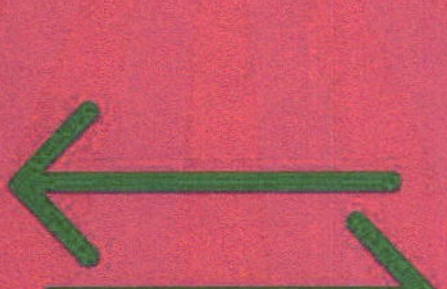

colores oscuros

สีเข้ม

si khem

colores claros

สีอ่อน

si-on

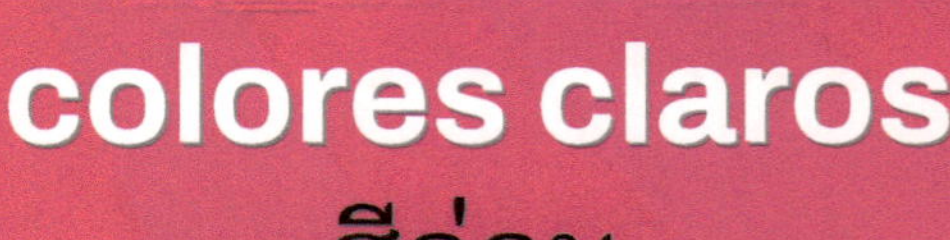

puntos

 จุด

chut

línea

เส้น

sen

bajo

เตี้ย

tia

alto

สูง

sung

 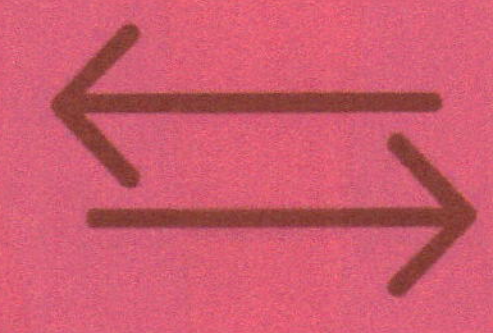 

un poco
นิดหน่อย

nitnoi

mucho
มาก

mak

lleno
เต็ม

tem

vacío
ว่างเปล่า

wangplao

cabello rizado

ผมหยิก

phomyik

cabello liso

ผมตรง

phom trong

aceptar

ยอมรับ

yomrap

rechazar

ปฏิเสธ

patiset

idéntico
เหมือนกัน

mueankan

diferente
ต่าง

tang

seco
แห้ง

haeng

mojado
เปียก

piak

juguetes
ของเล่น
khonglen

bloques
บล็อก
blok

pelota
ลูกบอล
lukbon

robots
หุ่นยนต์
hunyon

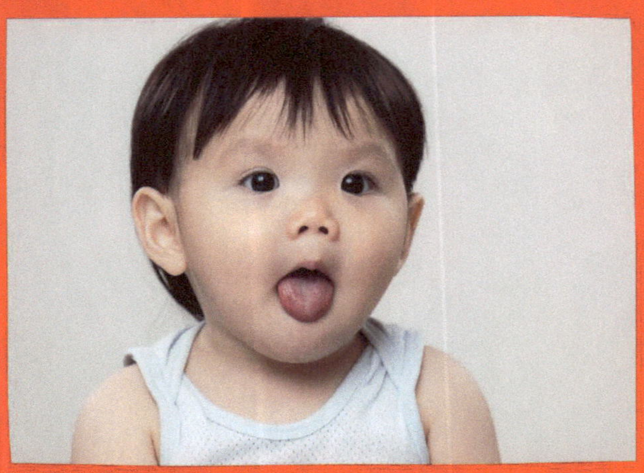

lengua

ลิ้น

lin

nariz

จมูก

chamuk

cabello

ผม

phom

bigote

หนวด

nuat

dedos

นิ้ว

nio

brazo

แขน

khaen

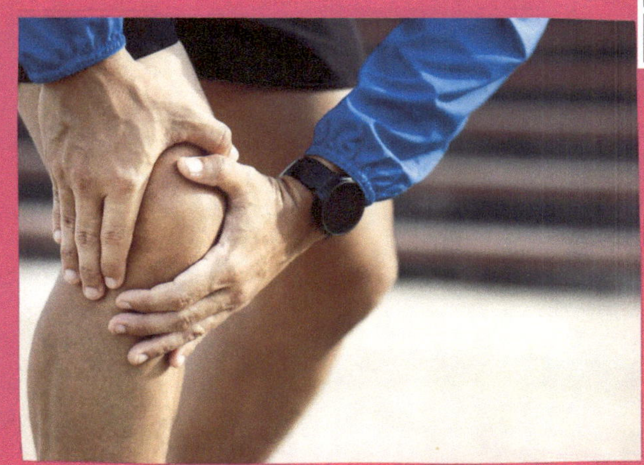

rodilla

เข่า

khao

codo

ข้อศอก

khosok

sonreír
ยิ้ม
yim

beso
จูบ
chup

llorar
ร้องไห้
ronghai

dolor
ความเจ็บปวด
khwamcheppuat

cuerpo

ร่างกาย

rangkai

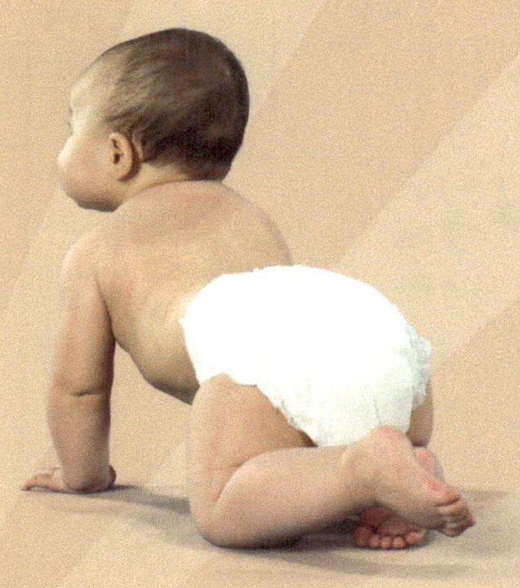

espalda

หลัง

lang

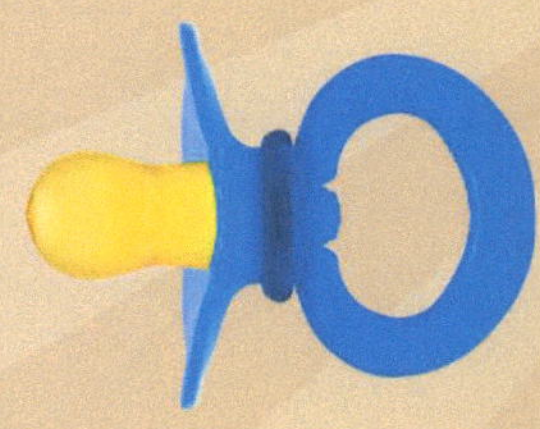

chupete

จุกนม

chuk nom

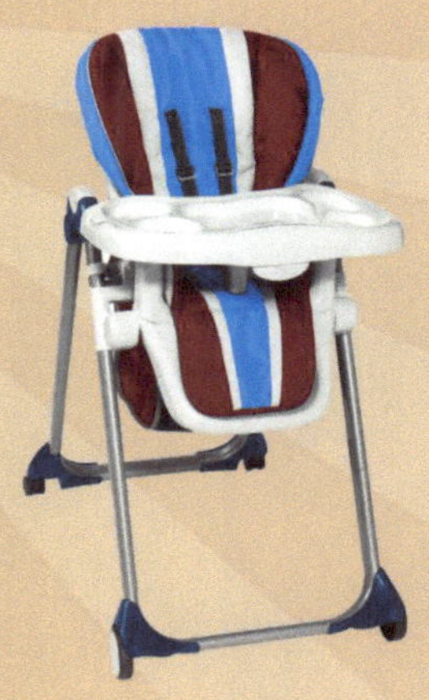

trona

เก้าอี้สูง

kao-isung

jabón

สบู่

sabu

cepillo de dientes

แปรงสีฟัน

praengsifan

toalla

ผ้าขนหนู

phakhonnu

orinal

กระโถน

krathon

anillo
แหวน
waen

pulsera
กำไลข้อมือ
kamlaikhomue

collar
สร้อยคอ
soikho

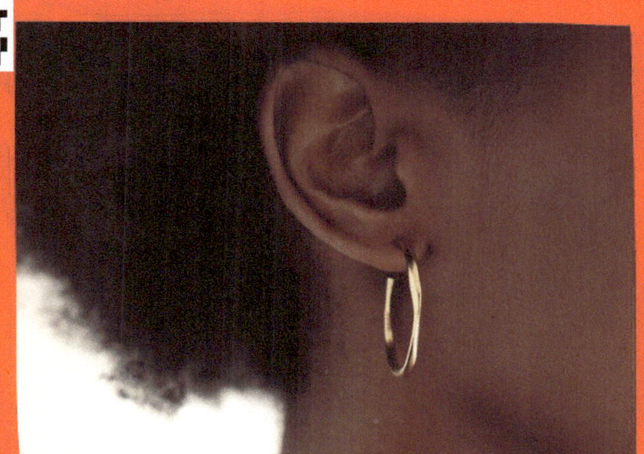

pendiente
ต่างหู
tanghu

chocolate
ช็อกโกแลต
chokkolaet

palomitas
ป๊อปคอร์น
pop khon

mermelada
แยม
yaem

tostada
ขนมปังปิ้ง
khanompangping

miel
น้ำผึ้ง
namphueng

mantequilla
เนย
noei

pan
ขนมปัง
khanompang

helado
ไอศกรีม
aisakrim

sémola

แป้งเซมะลี

paeng se ma li

arroz

ข้าว

khao

pasta

พาสต้า

phatta

sopa

ซุป

sup

leche

นม

nom

agua

น้ำ

nam

zumo

น้ำผลไม้

namphonlamai

kiwi

กีวี

kiwi

frambuesa

ราสเบอร์รี

ra saboe ri

pomelo

ส้มโอ

som-o

melón

เมลอน

me lon

ciruela
พลัม
phlam

albaricoque
แอปริคอท
ae pari khot

granada
ทับทิม
thapthim

higo
มะเดือ
maduea

arándano
บลูเบอร์รี
blu boe ri

arándano
แครนเบอร์รี
khrae ri

caqui
ลูกพลับ
luk phlap

lichi
ลิ้นจี
linchi

frutas
ผลไม้
phonlamai

verduras
ผัก
phak

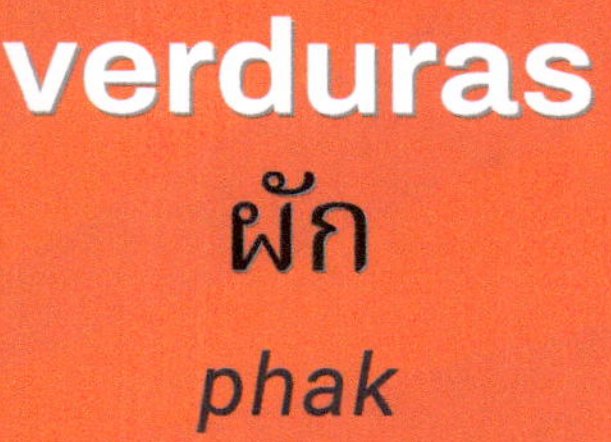

aguacate
อะโวคาโด
awokhado

judía verde
ถั่วฝักยาว
thuafakyao

brócoli

บร็อคโคลี

brok kho li

berenjena

มะเขือ

makhuea

guisantes

ถั่ว

thua

pimiento

พริกหวาน

phrik wan

remolacha

บีทรูท

bi tharut

lechuga

ผักกาด

phakkat

endivia

เอนไดฟ์

en dai

alcachofa

อาร์ติโชค

a ti chok

puerro

กระเทียมต้น

krathiamton

cebolla

หัวหอม

huahom

ajo

กระเทียม

krathiam

jengibre

ขิง

khing

nueces
วอลนัท

wonnat

almendra
อัลมอนด์

anmon

pistacho
ถั่วพิสตาชิโอ

thua phitsa ta chi o

anacardo
เม็ดมะม่วงหิมพานต์

metmamuanghimmaphan